능소화 필무렵

서금희 제2시집

능소화 필 무렵

문경출판사

| 서문 |

"진정 소중한 것은
눈에 보이지 않는 거라고"
– 어린왕자가 사막 여우에게 하는 말

"어린 아이였던 그 아이는
지금 내 안에 있을까, 아니면 사라졌을까?"
– 파블로 네루다의 『질문의 책』에서

제2시집에 귀한 해설 써주신 송재일 교수님께
감사의 말씀 드립니다.

이 시집 출간에 큰 힘이 되어준
어릴 적 우리 집 강아지였던
모니카, 스테파노에게
큰 사랑의 마음 전합니다

첫눈이 올 것 같은 어느 겨울날에
서금희

차례

■ 서문 · 9

제1부 선물로 올 거야

17 · 선물로 올 거야
18 · 능소화 필 무렵·1
19 · 능소화 필 무렵·2
21 · 사소함에 대하여
22 · 나의 가을
23 · 북풍은 불어오고
25 · 이름 모를 파도처럼
26 · 한여름 날의 매미소리
28 · 작별하지 않는다
29 · 마음 내려놓기
31 · 선물
32 · 여름날의 시간들
33 · 은빛 종소리
35 · 입춘
36 · 드림캐쳐
38 · 안개
39 · 기도·1

40 · 기도·2
42 · 숨비소리

제2부 눈부신 날이었음을

47 · 눈부신 날이었음을
49 · 남도의 봄
50 · 눈꽃송이
52 · 탯줄
53 · 고향집·1 – 가보지 않은 길
55 · 고향집·2 – 이방인
56 · 모닥불 피우며
58 · 엄마 부르는 소리
59 · 목포, 그 집
61 · 묘비명
63 · 파란 사립문
64 · 아들의 배냇저고리
66 · 푸른 슬픔의 기도
67 · 영동의 여름밤 그리고 한겨울밤
68 · 모니카·1
69 · 모니카·2

70 · 여린 강아지풀들처럼
71 · 무화과
73 · 반짝이는 구두 두 켤레
75 · 사랑의 강물

제3부 고흐 씨, 안녕

79 · 포인세티아
80 · 반 고흐전·1 – 미술관 입구에서
81 · 반 고흐전·2 – 구원
83 · 반 고흐전·3 – 자화상
84 · 반 고흐전·4 – 장미와 해바라기
86 · 반 고흐전·5 – 씨뿌리는 사람들
88 · 반 고흐전·6 – 고흐 씨, 안녕
89 · 루트비히 판 베토벤
92 · 에띠드 삐아프
94 · 김영갑 갤러리에서
96 · 월든 호숫가·1 – 소로우를 그리며
97 · 월든 호숫가·2 – 영혼
99 · 혼불 – 최명희 문학관에서
101 · 풍장·1

102 · 풍장·2

제4부 더 사랑스러우니까

105 · 더 사랑스러우니까
106 · 파라칸사스
108 · 덩굴장미
110 · 가을비
112 · 첫눈
113 · 모과나무·1
114 · 모과나무·2
115 · 모과나무·3
116 · 모과나무·4
117 · 크로버의 상처
119 · 금계국
120 · 느티나무 아래서
121 · 겨울 나무·1
123 · 겨울 나무·2
124 · 금빛 날개
125 · 첫 눈꽃 속 세상은
126 · 출판사 가는 길

127 · 꽃보다 마음이 먼저
129 · 물망초

| 작품해설 |
능소화가 피어오르는 자리, 체험의 심층과 서정
_ **송재일** · 130

제1부

선물로 올 거야

선물로 올 거야

푸른 에움길 따라 돌아오는 길
밤하늘의 별을 헤아리듯
어둠이 깊을수록

지나온 길들은
다 아름다웠잖아

삶이란 슬픔이란 씨줄과
기쁨이란 날줄로
짜 가는 거야

곧 가을이 오겠지

고추잠자리 낮게 날고
국화 향 가득할 날들이
곧 선물로 올 거야

능소화 필 무렵·1

따가운 초여름 햇빛아래
진회색 기와지붕 담벼락 따라

짙푸른 넝쿨을 타고
하늘을 향해
뻗어 오르는 그 기개

주황빛
고운 꽃송이, 한 송이마다
새겨진
기품을 지니고서

하늘을 능가하는 꽃이라 하여
능소화라 부른다지요

능소화 필 무렵·2

건너편 담장위로
주황빛 고운 꽃송이들이
연이어 피어있네요

꽃 봉우리 한 송이 송이마다
적어놓은
주황빛 고운 연서지

능소화 필 무렵
그 자리에서
그대를 기다릴테에요

언약
잊지 마셔요

시공을 초월한
영원한 사랑이 꽃말

피어나고 또 다시 피어나고
질 때는
한 송이 만개한 꽃으로

>
툭하고 목숨 줄
내려놓듯
절개를 지키며
땅으로 떨어진다지요

그 꽃송이 떨어진 자리
다시 피어오르는
주황빛 고운 연서지

사소함에 대하여

어쩌면 산다는 것은

하루의 동녘
창문을 열거나

하루의 짙푸른
푸른 커튼을 닫는

하찮은 일인지도 몰라

아침 해가
바다위로 붉게 떠오르고

저녁이면
어둠이 하늘을 물들이는
석양녘을 바라보는 것도

아주 사소한 일인지도 몰라

나의 가을

나의 봄,
여름이 가면

삶의 정점에서
내 마음은
진노오랗게 물들이는
은행나무 잎들 따라
물결친다

주황빛 감나무 가로수 길들조차
제 몸 밖으로
꽃등을 걸어 놓는다

그대
무슨 빛깔로
물들이고 있는가

저 빛나는
가을이여

북풍은 불어오고

북풍은 불고
북풍은 불어오고
서로 사랑하여
서로 사랑하여

수천 번, 수만 번
억 겹의 인연 속
흔들리고 흔들려야
피어나는 꽃송이

겨울이 오고
또 한 번의 겨울이 찾아오고

첫눈이 나리고
봉숭아꽃물 손톱 끝에
남아 있어
첫사랑이 이루어질까

남풍은 불어오고
남풍은 불고
서로 사랑하여

서로 사랑하여

북풍은 먼지가 되어
한줌의 재가 되어 사라져가고
사그라들어 가고

또다시 봄이 찾아오면
산수유 나무에
노오란 꽃잎 돋아나면

창가에 까치소리
반가운 소식
전해 오겠지요

이름 모를 파도처럼

파도처럼
슬픔이 몰려오고

흰 파도처럼
절망이 미끄러져오고

이름 모를 파도나
되어볼까나

그러면 수평선 끝까지
갈 수 있을까

한여름 날의 매미소리

울창한 숲속에서
땡볕의 여름날
매미소리 우렁차고

십 년을 유충상태로
기다리다가

생애에 칠일을
맴맴맴
짙푸르게 울어 대다가

입추가 지나
떡갈나무 나무 등에
텅 빈 껍데기만 딱 붙인 채
어디로 떠나갔을까

그 기개는
어디로 홀연 낙엽 되어 사라진 걸까

바람결 따라
나뒹구는 허무한 빈껍데기들

>
발자국마다 바스락거리는
낙엽 속 비인 껍데기들
허공속의 먼지처럼 사라진 걸까

이번 생은
십 년을 기다린 보람찬 삶이었을까

아롱진 울음 속
미소 가득한
생애 살다 갔을까

작별하지 않는다

어디선가 어여쁜 종소리가
댕그랑 댕그랑 울려 퍼진다
바람소리에 흔들리듯
이내 영혼에 울려퍼진다

작별하지,
아직 작별하지 않는다

영혼의 무한한 길 위에서
나의 소중한 추억들과
그 아름다운 어제가
오늘의 추억이 되고
이 순간이 지나면
찬란한 고통은 선물처럼 다가오고
내일은 또 내일의 태양이 되어
떠오를 테니까요

작별하지,
아직 작별하지 않는다

마음 내려놓기

깊은 슬픔
매일 하나씩 키우고 있었지

가끔씩 어지럽던 길
절망 속 간절함이
한 편의 시어가 되고

일순간
들숨과 날숨의 고요함에
머물러본다

"들숨과 날숨 사이
삶과 죽음 사이"*
들숨만 있고 날숨이 사라진 자리

나는 산 자에 속하기도 하지만
가끔은 죽은 자가 되어본다
홀가분하게 가벼워지는 내 영혼

그 텅 빈 자리
절망이란 이름표가 지워져간다

희망이라 새겨지며

이 시간
오늘 하루만이라도
무심하게

툭
마음을 내려 놓는다

*첫 시집 『연리목』의 시 「명상」이란 시의 일부분

선물

하이얀 유럽의 궁전 속
눈꽃이 하염없이
내리고

눈 쌓인 소나무 트리 사이로
동화 속 같은
눈이 내려요

하루 종일 내리네요

딸아이가 사준
크리스마스 선물
스노우 워터 랜턴

나의 슬픔이 사라지는
마법의 궁전

여름날의 시간들

아침부터
아파트 앞뜰이 뜨거워지고

땡볕아래
순간순간이 위기다

하루하루
간절한 목마름 속
조금씩 커져만 가는 주황색 석류

고통을 먹고 자라나는
석류 알이 여물어간다

석류를 키우는 것은
희망일까

오늘 하루분의 고통
침묵을 수행하는 절망들

그 순간순간이 모여
기쁨의 열매가 여물어 간다

은빛 종소리

실버 벨 종소리
은빛 물결로
은빛 물결로 춤추는 거리

제야의 종소리가
새날의 날개를 펼치고서
댕앵댕 울려 퍼지고

십이월은
첫눈 같은 달
한해 아름다운 마무리 할 시간

은빛 종소리 따라
새해를 알리는 폭죽들
까만 밤하늘에 수놓겠지요

모든 이들의
오색 소망을 담고서

이읏고
새벽이 오면

새해의 첫 태양이
은빛 종소리 되어
희망찬 날갯짓하며 떠오르겠지요

입춘

첫 번째 절기
봄이 온다는 소식 전해 준다

볕 좋은 자리
매화나무 붉은 꽃눈을 틔우고
세월은 강물처럼 다가와
아스라이 사라지고
동백나무 두어 송이 꽃망울 터뜨려
이른 봄노래 부른다

언제부터인가
난 과거에 발목 잡히지 않겠다
마음먹었다

드림캐쳐*

동학사 벚꽃송이 아래
바람결 꽃잎마냥
흔들리던 드림캐쳐

마음속 간절한 바람이
우주에 닿기라도 한걸까
집 앞 동네 문고에서
다시 내게로 온 드림캐쳐

흙으로 돌아갈 시간이
예정되어 있다는 걸
우리는 알고 있을까

시간 시간들
병속에 담긴
그대와 나의 시간들

연인의 액운을 막아주고
꿈이 이루어지리라
꾹꾹 눌러 쓴

>

새해 첫날 받은
첫사랑 같은 엽서 한 장
드림캐쳐

*드림캐쳐: 좋은 꿈을 꾸게 해준다는 아메리카 원주민의 토속 장신구

안개

안개 속은
항상 신비스럽지
헤르만 헷세가 떠오르지

때로는 나를 가두는
안개

바람이여
안개를 거두어 가다오

그대에게
가는 길로

기도·1

나의 하느님
순리란 무엇일까요

성모마리아여
자연스러움이란 무엇일까요

풍요롭던 나뭇잎들도
한여름의 지독한 땡볕 아래
물 한 모금 없이
침묵하며

절기가 바뀌는
가을을 기다리는데

숲을 울리던 매미소리가
잦아들고
귀뚜라미 풀잎 속 합창소리
커져만 가고

아직도 순리를
헤아리지 못하니
이 어리석음을 용서하소서

기도·2

나의 하느님
지난 뜨거운 태양은
위대함을 보여주었습니다

단비 소식은
바람결에도 실려 오지 않고

타들어가는 나뭇잎들은
오랜 기다림으로 시들어가고

베란다 꽃에 물을 주며
행여나 꽃대가 올라오는지
희망의 씨앗을 키우는 게
하루의 일과였습니다

오늘 만나는
마음이 타들어가는
모든 이들의 소망이
이루어지길 기도합니다

그대 안에 깃든

신께 경배합니다
– 나마스테

숨비소리

제주 푸르른 바다
이른 아침마다
해녀들의 물질이 시작된다

까만 잠수복을 입은 채
하루 해질 때까지
깊은 바다에 목숨을 던진다

수십 번 숨이 막혀
멈출 것 같은 순간까지

차마 견딜 수 없을 것 같은
그 순간 너머의 숨을 참아내고

아이들의
흰밥이 될 전복을 따고
책가방, 연필, 책이 될
해삼, 멍게를 건져 올린다

목숨 줄에 성호를 그으며
하루에도 수십 번

물질을 견디어 내는

가파른 숨비소리

제2부

눈부신 날이었음을

눈부신 날이었음을

빗줄기 한 두 방울
어둠과 함께 내려앉는 유월
십여 년 만에 다시 찾아간
목포, 그 집

영산강 하구언 따라
추억속의 파도 출렁이는
바닷가 옆 그 아파트

보랏빛 등나무 꽃들이 피어나고
봉숭아 꽃잎 따던 그 집

처음 만난 고단한 시간들
차곡차곡 쌓아놓았던
그 날들

애틋한 내 마음 따라
아파트 담벼락에
장미는 여전히 타오르고

오랜 세월 지나

흰 갈매기가 되어
멀리 날아오르네

이제는 알 것 같아라
그 날들이
눈부신 날들이었음을

남도의 봄

볕 좋은 자리 눈길 사로잡는
노오란 산수유 화들짝 피어난
매화 한 송이 눈시울 붉은
동백 꽃잎들 낮은 자리
노오란 민들레 옛 친구 같은
먼 길 돌아온 고향의 봄 향기

눈꽃송이

한해가 다 저물어가고
함박눈이라도 한번쯤 나리면
얼마나 좋을까

커피 물 끓는 화음소리
귓가에 삐삐 기적소리마냥
들리는데

어둠이 짙어지는 밤

창가에 함박눈이 한순간
못다 핀 꽃송이처럼
쏟아져 내리네

풍경은 눈꽃으로

소복소복 장독대 위
붉은 기와지붕 위
사철 푸른 회양목 위에도

가로등에 비추이는

>

함박눈은 꽃송이 같아
손바닥에 담는 그 꽃송이들

눈은 왜 이다지도
첫사랑처럼 다가오는 걸까
가로등 불빛아래 쏟아지는 눈송이

한 해 동안 고생했다고
하늘에서 내리는
위로의 꽃송이일까

탯줄

엄마의 심장소리 듣고
매일매일 자라는 아가

뱃속에서
하루하루 한 우주가
완성되어가고

탯줄을 잡고 있는
아가는 엄마와 한 몸인 것을
안 경이로운 순간

열 번 달이 차고
엄마의 뱃속에서 자라나

세상을 향해
탯줄을 잡은 채
처음 맞이하는 울음소리

그대 아는가
이토록 고귀한 존재임을

고향집·1

– 가보지 않은 길

가보지 않은 길들은
항시 뿌리를 내릴 때까지
숨이 잘 쉬어지지 않고
늘 먹먹하고

그 슬픔이 나도 모르게
어느새 고향 역으로 데려다준다

동네 어귀부터 반기는 이름 모를 온기
그 곳엔 외로움을
잘 헤아려주시던 주시던 어머니

그제사야 나의 발은
땅에 발을 딛고 있었다

나의 어머니
나의 아버지께
달려간다

그 집, 작은 정원
물레방아 물소리 들으며

어머니의 품 옆에서
하룻밤을 지새우면

슬픔, 외로움도 잘 마르는
고향 집

고향집·2

– 이방인

그 고독이
그 외로움이
그 씁쓸함이
그 허전함이

나에게 주어진
새로운 길들을 만들어주고

그 참을 수 없는
고통의 무게들조차
내 영혼을 감싸주었지

꿈에서 깨어나 보니
낯선 길들이
가슴 아픈 모든 길들이

다 고향집이
되어있었지

모닥불 피우며

오월이면
교정 입구부터 코끝을 스치던
아카시아 꽃향기 따라
등교하던 널따란 길

처음 입은 흰 칼라 검정 상의
검정 치마 여학생이 되었지

친구와 두 손 꼬옥 잡고
매일 걷던 그 하교 길

헤어지기 아쉬워
서로의 집을 데려다 주다보면
달님은 하늘 높이 떠올라 있고

매일 마주하는 얼굴이지만
밤새 보고픈 마음 전하던 편지

교무실에서 다 태운 불씨
꺼진 연탄재에 낙엽 태우며
밤늦게까지 공부하며

>

추억들 가슴속에
차곡차곡 쌓아갔지

엄마 부르는 소리

창가에
노을이 내려앉는 무렵

무언가 생각난 듯
시장에 간다

사람들 사이에서
물건을 고르던 중

누군가 가녀린 목소리로
'엄마' 하고 부르는 소리

나도 모르게 가슴 시려
뒤 돌아본다

우리 아이들이 어릴 적
부르는 소리 같아

목포, 그 집

처음 집 보러 간 날
별장 같았던 그 집

붉은 장식장에
거꾸로 걸린 와인 잔

이사 첫날밤
꿈결처럼 행복했던 집

늦은 밤 베란다 앞
네온사인이 예뻤던 집

영산강이 창밖으로 이어져
길처럼 보이던
카페 같았던 집

인연 따라 일 년간
마음 닦기 하던 집

오 분이면 흰 갈매기 나르는
평화광장의 그 넘실대던

끝없는 수평선

마음속에 새겨진 집
떠나기 싫었던 지금도 그리운
제일하이빌

묘비명

양지바른 툭 트인 곳
천주교 묘지

여름이 다갈 무렵
그날은 왠지 날씨마저 시원하고

묘 자리에 관 하나가
흙속으로

아버지
마지막 가시는 길

"사랑해요 왕 할아버지"
손녀딸이
서툰 손 글씨 종이비행기를 날린다

나의 첫 시집
애틋한 내 마음 관위에 올리고

"편안하게 쉬셔요.
그동안 고생 많으셨어요.

많이 사랑해 주셔서 감사합니다."
아 버 지

천 년 세월 견딜 묘비명에
"사랑합니다
그리고 존경합니다"

파란 사립문

아! 어머니

어린 시절 하교 후
엄마 생각에 들뜬 마음으로
파란 사립문을 열고 들어섰지

늦은 오후
엄마하고 부르며
집안에 들어섰는데
텅 빈 메아리만

그 오래된 기억 하나
아직도 그날이 눈에 선해

어머니는 은하수에
작은 우주를 키우시는
큰 별자리 하나

언제부터인지
늘 열어둔 내 가슴에
시큰거리는 파란 사립문 하나

아들의 배냇저고리

오랜만에
아들의 초등학교 동창들이
찾아왔다 멀리 목포에서

어제 일처럼 꿈을 꾼다
추억 속으로

늘 위로해주던
평화광장, 그 곳 앞바다
파도가 일렁이고
흰 갈매기 떼가 날아오른다

우정이란 이름으로
멀리서 와준 친구들

이사 온 후 놀러와
베개를 던지고 장난치던 개구쟁이들

다음날
논산 훈련소에서 입대하여
친구들과 함께 운동장을 도는데

눈물방울 내 눈가를 적시고

며칠 후 택배 상자 하나
아들의 써내려간 손 글씨

추신으로
"엄마, 저 하나도 안 힘들어요.
정말이에요. 걱정 마셔요."
담담히 써내려간 글귀들

함께 부쳐온
흰 속옷, 때 묻은 신발 두 짝을
끌어안았다 그 씁쓸함

장롱 속 깊이 넣어둔
아들의 배냇저고리를 껴안은 채
한동안 숨죽이며 울었다

푸른 슬픔의 기도

엄마 생신날
“생신 선물 뭐 받고 싶으셔요.”

“볼펜 사다오.”

글쓰기를 좋아하시는 어머니
참 소녀 같으신

어릴 적
엄마가 아프셔
푸른 슬픔이
어린 마음을 침몰시키고

하늘 향한 기도
“하느님, 제 목숨 줄 잘라
엄마 오래 살게 길게 이어주셔요.”

푸르고 슬픈 그 기도
하늘로 올라갔을까

영동의 여름밤 그리고 한겨울밤

남편과 여덟 살이 된 아들
잔디에 물 뿌려주며
신나하던 여름날 해질 녘
두 아이들 자전거 태우면서
쳐다본 밤하늘
어둠속에서 쏟아지던
별들

한겨울밤
전북 장수쯤 오다가 만난 폭설
어디가 길인지 도랑인지
자동차 불빛에 날아오르는
눈 폭풍

모니카·1

잦은 이사로
늘 쓸쓸했지

내 영혼의 아픔을
헤아려주던 모니카

다섯 살 무렵
이사 가기 전날
응접실 장판에 써놓은
"집아, 안녕"이란 글귀
슬픔이 몰려왔지

나의 아픔도
기쁨도 이해해 주던
너는

내 영혼의
단 하나의 친구

모니카·2

딸아이가 안경 너머로
아홉 번 구운 구기자를
하얀 계량스푼으로
무게를 가늠한다

구기자 물을 끓인다
영혼의 향기마저

어릴 적부터
전화기 너머로
내 눈물의 무게를
늘 가늠했었지

그 섬세한 고운 영혼을 지닌
나의 모니카여

여린 강아지풀들처럼

침묵수행 하는 날

멀리 살아 자주 못 보는
아들아이 얼굴 떠올라
보고 싶은 날

보도 블록위에
여린 강아지풀들
바람에 흔들리며
피어있고

연초록 강아지풀들
손끝에 닿는 보드라움

어릴 적 우리 집 강아지였던
나의 모니카와 스테파노
어엿하게 잘 자라주어
참으로 고맙구나

무화과

어릴 적
집 앞마당에 자리 잡은 화단 가
무화과 한 그루

땡볕 아래
갓 돌 된 아이 주먹만 하게
붉게 터트리던 농익은 열매 사이사이
아버지의 미소가 살포시 얹힌다

궁금해진다

"너는 왜
꽃을 피우지 않니?"

"난 꽃이란 말을 들어 본 적이 없어.
그런데 왜? 꼭 꽃을 피워야 하는 거야?"

녹색 다섯 손가락만한
잎사귀 사이 작은 초록 자루
아무도 모르게 속살에 항아리 모양으로
꽃을 품은 채 가슴으로 피워내는

>

터질듯 한 붉은 그 마음
어찌 감추고 살았을까

반짝이는 구두 두 켤레

가끔씩 마주치는 그 사람은
반짝이는 구두가
늘 양손에 두 짝씩이다

늘 불편한 다리를 절룩거리며
창밖으로 보이는 그 길을
날마다 수십 번 오고가고

오늘따라
유난히 봄 햇살이 눈부시게
얼굴에 부서지고

그는
왼발을 45도 각도로 버티면서
햇살 따라 한걸음씩 천천히
제자리를 맴돈다

마치 마음속 슬픔을
봄 햇빛에 말리 듯

그사이 푸른 잔디의 촉감

일찍 핀 홍매화 한그루
하늘의 흰 뭉게구름도
남몰래 가슴 속에
넣어두었을까

그는 그 길에서 오고 가는
봄, 여름, 가을의 바스락거리는 낙엽소리
두발로 밟아보았을까
낙엽 향 내음을
그리고 겨울의 햇살에
슬픔들 잘 말리고 있을까

사랑의 강물

시청 앞
노부부가 걸어간다

아내의 핸드백을
어깨에 걸친 채
손을 꼬옥 잡는다

강물의 세월만큼
깊어져간
그들의 사랑

오래된 사랑의
강물이 반짝이며
출렁거린다

제3부

고흐 씨, 안녕

포인세티아

꽃집에서
빨간 넓은 잎의 화분들

크리스마스가 다가오고 있음을
알려주는 꽃

한해는 넉넉함으로 가득하고
새해를 함께 맞이하는
가슴 설레게 하는 붉은 꽃잎들

손 흔들며
"축복합니다."
"나의 마음은 타고 있습니다."

반 고흐전·1

– 미술관 입구에서

대전시립미술관 매표소 옆에
걸린 밀밭 앞에서
저마다 고뇌와 사연을 안은 채
줄 서있는 사람들 마음에
까마귀가 날아드네요

들판에 출렁이는 듯
캔버스를 가득 채운
누런 밀밭이
절망인양 출렁거려요

지금도
내 가슴 한쪽 구석에
서늘하게 남아 있는 듯

나의 영혼에 새겨진
슬픔

반 고흐전·2

– 구원

연필로 그린
데생들이

사선과 곡선
수천수만 번
연필들의 흔적

셀 수 없는
그대의 고뇌도 스치고

힘들고 고단한 표정을 짓는
"예배당에 온 사람들"

무릎을 꿇고 기도하는
그녀들의 간절히 모은 두 손
"기도하는 두 여인"

투박한 때 묻은 손과
무표정한 어둔 얼굴
"감자 먹는 사람들"

>

그림을 처음 시작한
그대는

동생 테오에게 한 말
"그림은 나에게 구원이다"라고

나에게 구원은 무엇일까요

반 고흐전·3

– 자화상

전시장 입구
그대의 자화상

푸른 바탕에
섬세한 눈동자

진한 슬픔과 고통이
느껴져

차마 쳐다 볼 수가 없어
고개를 숙인 채

동생 테오에게
죽음의 순간 유언처럼

"고통이란 살아있는 그 자체"라 말하고

숨을 거둔
고흐 씨

반 고흐전·4

– 장미와 해바라기

파리에서 머물던
2년 동안

색채 효과와
색을 두텁게 바르는
임파토스기법으로
덧칠을 하고

툭 튀어 나올 것 같은
"데생이 있는 정물화"의
분홍 장미 세 송이

남프랑스의 뜨거운 태양의
아를에서

노오랗게 황금빛으로
빛나는 태양만큼

불멸의 해바라기
일곱 점이 탄생되고

>

불꽃보다 도 강렬한
그대의 영혼들

반 고흐전·5

– 씨뿌리는 사람들

밀레의 "씨뿌리는 사람들"에서
영감을 받은 그대

밀레의 그림을
보러 갈 때는

신발을 벗고 예를 표한 뒤
그림을 감상하셨다죠

그대의 "씨뿌리는 사람들"

황금빛 태양은
하늘을 물들이고

들판을
샛노랗게 뒤덮고

모자 쓴 한 남자가
연보라 빛 들판에 씨 뿌리고

그 들판에

뿌려진 씨앗들

아직도 황금빛 태양
들판을 뒤덮고 있을까

노오란 해바라기 들판처럼
노오란 해바라기 들판처럼

반 고흐전·6

– 고흐 씨. 안녕

"나의 그림이
물감보다 가치 있게
되는 날이 올 거라"고

그대는
운명에 맞서

불행을
행운으로 바꾼 사람

불멸의 화가
신의 눈길을 훔친 화가

이제 그곳에서
편히 쉬세요

다음 생에는
사랑받는
행복한 사람으로
환생하시기를

고흐 씨. 안녕

루트비히 판 베토벤

베토벤,
그대 이름은 루트비히 판 베토벤

독일 본에서 태어났지요
루트비히
그대 이름 가만히 되뇌어 보네요

어린 시절
아버지의 혹독한 음악수업
작곡법을 배우고
그대의 천재성을 알아본
스승을 만난 것도 행운이었죠

평민의 굴레를 그대가 받아들이기에
무척 고뇌에 찼을 것 같네요

귀족의 딸과 사랑도
신이 허락하지 않고
그리하여, 그대
괴팍한 성격이라 전해오고 있는 걸까요

>

작곡에 몰입한 한밤중
시끄러운 소리에
일 년에 열 번 다닌 이사
월세 재촉하는
집주인의 문 두들기는 소리
운명교향곡이 탄생되고

참으로 고된 삶이셨네요

악상이 떠오지 않으면
미친 듯이 괴성을 질러댔지요
그래도 숨통은 트이셨겠지요

고뇌 속에서 괴성을 질러대면
막힌 악보가 생각났다고
불멸의 교향곡들이 탄생되었다고

흰 오선지에
그려지는 천상의 음표들
그대의 "비창"
처연하게 아름답네요

불멸의 위대한 작곡가, 피아니스트
그대에게 존경과 감사의 예를 전합니다

그러나
나는 숨통을 트지 못했네요
단지 혼자서 우는 날이 많았지요

이제사 영혼의 집에서
시를 쓰는 순간순간
막힌 숨통을 숨 쉬어 보려합니다

내 영혼의 집, 사유의 뜨락에서
루트비히, 그대를 생각하면서

* 비창 : 베토벤의 3대 소나타중의 하나로 서정적
이고 아름다운 멜로디로 이루어져 있음.

에띠드 삐아프

삐아프, 작은 참새란 애칭의 그녀
노래할 때
항상 검정 드레스를 입던 그녀

영혼을 울리는 목소리
가녀린 체구에서
뿜어내는 고뇌의 흔적들

허스키한 목소리
떠오르는 봉숭아 꽃잎들
만개한 오후 한나절

마지막 인터뷰에서 한 말
"사랑하세요"
마치 '살아있는 동안'이 생략된 듯

사람들이
가장 많이 말하는 단어
"사랑"

가장 결핍된 단어
"사랑"

>
진정 아름다운 것은
눈물 속에 피어난다고

*에디뜨 삐아프 : 프랑스의 샹송 가수.

김영갑 갤러리에서

제 영혼이
고뇌에 찰 때
항상 그리운 두모악

당신이
사랑한 감나무 아래서
평안하셨는지요

두 눈을 꼬옥 감고
바람에 영혼을 맡긴 듯
흩날리는 긴 머릿결

바람과
하나 된 그 모습

모든 고뇌는 사라진 듯
상처받은 영혼도
두 눈을 꼬옥 감아봅니다

그동안 그리웠습니다
코로나블루로 발이 묶인 채

>

당신이
사랑한 감나무 아래서
평안하시기를

월든 호숫가·1

– 소로우를 그리며

소로우
문명의 등불을 등진 채
아름다운 월든 호숫가에
통나무집을 짓고
자연 속의 삶

일상과 자연의 풍광을
관찰하기 위하여
자급자족을 선택하고

나는 나무 한그루 없고
숨 쉴 틈도 허락하지 않는
도시로 또다시 이사하고

회색 빛 아파트 사이사이로
오가는 무수한 행렬들 속
스치어가는 무표정한 사람들
인정이란 사라진듯하고

그때 말을 걸며
찾아온 것이
"월든" 호숫가였다

월든 호숫가·2

– 영혼

소로우는

내 영혼을 밝혀주는
등불이 되어주고
영혼의 벗이 되었고

내 영혼은
제자리를 찾아가고
자유로워지고

"시간의 주인이 되어라."
"고독과 친구가 되어라."

마음에 새기면서
홀로 있음의
온전한 시간들

나는 들로, 숲으로 나가
짙푸른 나무가 되었다가
양털 구름도 되었다가
살랑이는 바람도 되었지

>

그는 자주 내게 말을 걸어왔고
나를 월든 호숫가로
데려다 주었지

영혼의 고독도
사유의 볍씨 한 알로 익어
나만의 방이 잉태되어가고

*헨리 데이비드 소로우: 미국의 위대한 저술가 이자 사상가 대표작인 "월든".

혼불

— 최명희 문학관에서

국화꽃 향기로운 날
남도의 정취 가득한 그 곳

담 벽 위에 쓰인 글귀
"하찮아서 장하다"

보잘 것 없어서
더 귀하다고라고
내 귓가에 스치운다

평생을 걸쳐
십칠 년 동안 완성한
영혼의 소설
"혼불"

아른거린다
한 단어를 고르기 위해
며칠을 냇가에 앉아 고뇌했던
그녀의 모습

나는 무엇을 위해

매일매일
한 달을, 일 년을,
평생을 바쳐 이루고자 하는 걸까

죽비소리에
화두 하나 던진다

풍장·1

무로 되돌아가는 길
언제든지 흙에서 빚어져
허공 속 뼛가루 되어 신비한 안개 속으로
자취도 없이 사라져도 하늘로 오르는 사다리
꽃을 사랑하는 사람만 오를 수 있다지요 저는
꽃을 사랑하는 영혼이었을까요

풍장·2

생의 한가운데서 기쁨이었던 순간들도
매미가 허물을 벗고 사라져가듯 들숨과 날숨이 사라
진 자리
그때가 누구에게나 한번쯤 찾아오지 손님처럼
누구에게나 죽음은 삶의 끝에 맞이하는 아름다운 피
날레이므로
때로는 고통스럽기도 하고 보람차기도 하고
즐거운 편지를 써내려가던 시간에게도 고마웠노라고
하지만 찬란하게 피어나는, 피어나는 모란꽃 한 송이
처럼
향기로운 순간도 있었노라고

제4부

더 사랑스러우니까

더 사랑스러우니까

이순이 지나니
자연이 참 좋아라

시장 거리
사람들의 온기가
더 따스하고

작은 별들일지라도
더 밝게 빛나고

풀 섶 들꽃 하나에
더 눈이 머무는 것은

더
사랑스러우니까

파라칸사스

눈 덮인 수목원
매서운 칼바람이 불고

잎들 연갈색으로 흩어지고
앙상한 나뭇가지만 남긴 채
눈 덮인 나무들 사이

어둠속에 희망 한 자락
빨갛게 알알이 맺혀있네

봄에 흰 꽃이 피어나고
가을엔 붉은 열매 맺는

깊디깊은 겨울밤
붉디붉어지는 생명의 불꽃이여

어둡고 추운 밤
피어오르는 희망이여

한겨울
굶주린 새들의 양식이여

옹기종기 모인
빨간 생명의 열매들이여

파라칸사스
타오르는 생명의 불꽃이여

파라칸사스
파라칸사스
그대 불꽃의 정령들이여

덩굴장미

오월이 지고 있네
어찌할거나
빛나는 이 계절을

나뭇잎들 신록으로
햇살에 빛나고

단심 붉은 장미는
피어나고 또 피어나고

한켠에는
초록 매실도 맺히고

꽃들은, 나무들은
이토록 붉게, 초록빛으로
마음을 어루만져준다

푸른 하늘은
누구의 마음을 어루만져 줄까

새벽 풀잎에 매달린 내 눈물들

헤아릴 이 누구실까

오월의 장미는
저토록 붉게 타오르는데

가을비

후두둑
비가 내린다

그런 날은
하늘이 보이는
투명한 비닐우산을 들고서
하루의 창문을 열고
길을 나선다

나지막이 귀 기울이며
텅 빈 고요 속
빗방울 소리는
온 마음에 가득 울려 퍼지고

빗방울 소리 좋아하던
한 소녀의 얼굴이
살포시 포개진다

아래로 흘러
낮은 곳에 모인 빗방울들
작은 냇가를 이루고

>

비에 젖어
더욱 고와진 빛깔의 낙엽들
동그랗게 퍼져만 간다

첫눈

쏟아지는 첫눈

세상은 눈발 속
오직 나와 눈송이들뿐

갈참나무 숲길
낙엽 위에도
눈꽃이 피어나고

그대 보드라운 숨결과
나의 첫 숨결
하나로 피어오르는

하얀 꽃송이들

모과나무·1

언제부턴가
길을 걷다가

큰 옹이가
가장 많은 모과나무에
눈길이 멈추었다

봄에는
사과 꽃 못지않게
하얀 고운 꽃송이 피워내고
배꽃처럼 예쁘다

올 봄에도
피는 모과나무 꽃에
마음을 걸어두었다

모과나무·2

굵은 옹이들이
향기를 만들었을까

찬 바닥에 덩그러니 떨어져 있고
모과 한 개 주워드니

향내가 코끝에
진하게 다가온다

방안에 두고
모과 향을 맡는다

상처가 만들어 낸 향

눈 내리는 방안
겨울 내내 향긋하다

모과나무·3

그 굵은 옹이는
고난이었을까
축복이었을까

긴 푸른 어둠속의
시간들을 지나

탐스런 꽃송이로
피어날 날을 위하여

어둠이
찬란한 눈부신 빛으로
반짝일 날을 위하여

옹이가
자신만의 꽃을 피워낸다는 걸
알고 있었을까

모과나무·4

해마다 늦가을이면
어머니는
모과를 얇게 썰어서
모과 청을 만드셨다

어릴 적
멈추지 않는 잦은 기침에
모과차를 만들어 주셨다

며칠 지나면
잦은 기침이 떨어졌다

한해 열매 중
으뜸이 아닐까

향기 피어오르는
모과 차 한 잔이 그리운
겨울 한 자락

크로버의 상처

널따란 수목원 무성한 풀밭사이 사이
네 잎 크로버를 찾는
아이들의 천진스런 표정들

어디선가 날아온 흰 비둘기
평화의 씨앗 한 톨 물고 오고

토끼풀의 전설 한 가지
"나폴레옹이 전쟁터에서
네 잎 크로버를 발견하고
신기해서 허리를 숙였는데
그때 총알이 스쳐지나가
목숨을 구했다고"

오고가는 사람들이
무심코 세 잎 크로버를
즈려밟고 스친 자리

성장점에 상처 난 세 잎 크로버
어쩔 수 없어라
어쩔 수 없어라

>

그 자리에
새잎이 돋아나면
네 잎으로 피어나겠지
행운을 잉태하고서

금계국

천변을 수놓는
노오란 희망의 씨앗
금계국 꽃송이들

길 건너편으로
언덕배기 따라
펼쳐져 있다

파아란 하늘가
즐겁고 그립던 추억은
바람 되어 영혼을 스치고

가슴 시린 이 괴로움
민들레 홀씨 되어
날아가 버린다

노오란 희망 한줌 들고서
나의 집으로 향하는 발걸음

느티나무 아래서

어느 가을날 종일 낙엽 속에 머무르는 날
느티나무 노오랗게 물들어 있고
한참 누워 바라다보면
하늘에는 흰 구름이 가득하고
구름사이 별 하나 별 둘 떠오르고
느티나무 가로줄 무늬 결을 한참을 보노라면
이 생애 모든 기억이 새록새록 지워진다 .
내가 느티나무인지 느티나무가 나인 지
일순간 눈을 뜨면
밤하늘의 희고 순결한 흰 구름이 나인지
내가 흰 구름인지 아득한 밤

겨울 나무·1

겨울이 오면
나무들은
거추장스런 옷들
세찬 바람에
떨어뜨린다

모든 마음 내려놓아
참됨만 남긴
빛나는 나목이여

그대의 마음속 눈물
옹이 되어 진주알처럼
알알이 맺혀있네

한겨울
그대 투명한 마음
내 마음마저 닮아가네

나도 그대 마냥
침묵수행
떠나고 싶은 길

>

고요한 내 영혼
빛나는 나목이여

겨울 나무·2

겨울 산책길
가면을 벗어낸 나무들
찬찬히 드려다 본다

사유의 뜨락에서
익어가는 오랜 시간들

사람들의 숨겨진
속마음이 보이는 듯

아름드리 몸통
곡선으로 뻗어나간 큰 가지들
떨켜 층을 만들어가는 잔가지들

가식으로 가득한 현실 사이
환멸이 스치어가고
가끔씩 맞이하는
정갈해지는 내 영혼

금빛 날개

어김없이 동녘 하늘
또 하나의 떠오른 태양

서녘 하늘 석양 노을로
곱게 물들어 간다

마치 서로 깨끼 손가락 걸고
약속이라도 한 듯

어둠에 박힌 초승달
어찌 그토록 눈이 부시게
금빛 날개로 빛나는 걸까

첫 눈꽃 속 세상은

창가에 놓인
자그마한 행운 하나
빠알간 포인세티아

창 너머로 쏟아지는 폭설
117년만의 첫눈이

크리스마스 선물처럼
행운처럼 쏟아지는
잠시 멈추었다가 또다시

눈꽃 속 세상은
풍요와 평화

휘몰아치는 눈보라도
하늘의 주신
기적의 선물인 것을

출판사 가는 길

주황 감 한 개
툭
떨어진다

슬쩍
주워들었더니
한 입 물었더니

땡감이었다

꽃보다 마음이 먼저

곧 첫눈이 나리겠지요

저녁노을이 창가에 곱게 물들이며
내려앉던 날 띵동 벨소리
정갈한 모습의 그녀
이사 떡을 전해주고

처음 본 순간부터
향기로운 벗이 되어주고
꽃보다 먼저 마음이 다가간 인연
서로에게 마음의 물길을
조금씩 열어가고

첫눈이 펑펑 나리는 날
안부를 물으니
병실에서 아픈 남편에게
창밖의 나리는 눈을
작은 거울로 보여주고 있다고

지금도 그 거울 속의 첫눈은
펑펑 나릴 것 같아

>

세월은 가고

집 앞 카페 창가
커다란 은행나무 한 그루
세찬 바람에 흔들리어
노오란 은행잎이

첫 눈처럼 쏟아지는
어느 늦가을 오후

물망초

겨울 가고 봄이 오면
작고 소박하게
파란색으로 피어나는 꽃

꽃말은
"나를 잊지 말아주세요"

절벽에 피어있는
어여쁜 꽃을 선물하려다가

거센 물살에 휩쓸려
떠나갔지요

물망초 꽃을
손에 쥔 채로

"나를 잊지 마세요."

능소화가 피어오르는 자리, 체험의 심층과 서정

–서금희 시집 『능소화 필 무렵』

송재일
(문학평론가, 공주대 명예교수)

1. 머리말 – 체험의 재현

시는 종종 '돌아보는 행위'에서 시작된다. 하루가 채 사라지기 전의 빛처럼 만져지는 것과 사라져가는 것 사이의 순간을 붙잡으려는 마음이 시인을 만든다. 서금희 시인의 시집 『능소화 필 무렵』이 보여주는 세계는 바로 그 경계에서 태어난다. 이 시집은 감각적으로는 섬세하고, 정서적으로는 절제돼 있으며, 철학적으로는 기억의 깊이를 탐구하는 작품들로 빼곡히 채워졌다.

서금희 시인의 『능소화 필 무렵』은 『연리목連理木』(이든북, 2018)에 이은 두 번째 시집이다. 이번에 낸 『능소화 필 무렵』은 개인적 경험과 자연, 예술, 삶과 죽음을 체험적으로 통합한 서정 세계를 보여준다. 서 시인은 삶의 내적 경험을 단순한 서술이 아닌 체험으로 재현한다. 서 시인의 시는 단순한 언어의 장식이 아니라 삶의 고통과 기쁨이 내면에서 응축되어 표현된 것이다.

이 시집에서 시인은 시간의 흐름과 계절, 자연, 가족과 일상의 소소한 사건들을 관찰하고 감각하며, 그 속에서 빛나는 삶의 순간들을 포착하여 내면의 정서로 승화한다. 사소한 사건들은 단순한 사건의 기록이 아니라 감각적·정서적 체험이 생생하게 전달되며, 그래서 독자는 시 속 세계를 내면화하여 공감하게 된다.

이 글에서, 서 시인의 시를 '체험의 시학'이라는 관점에서 시적 화자의 심리와 체험 구조를 살펴보고자 한다. 이는 작은 일상과 자연 속 장면을 통해 삶의 의미와 감정을 포착한 시학적 특성이 시편들에 잘 반영되었기 때문이다. 아마도 이 시집을 읽는 독자들은 시인의 경험 속에서 슬픔과 위로, 외로움과 연민을 함께 살아보는 체험을 경험하게 될 것이다. 시 속의 삶이 작은 행복과 따스함으로 다가오는 순간, 우리는 비로소 시가 전하고자 하는 진정한 의미를 체험하게 된다.

2. 체험의 지층, 기다림과 흔적의 응축

서금희 시인의 시편들은 일상의 자연경관을 섬세하게 응시하면서도 그 표면의 정경 너머에 존재하는 삶의 길항과 소멸의 감각을 조용히 드러낸다. 그 자연은 하나의 배경이 아니라 시인의 내면 체험이 지나가는 통로이자 흔적을 비추는 거울로 기능한다. 이 시집은 개별

장면이 아닌 체험의 구조 자체를 탐색하는 시적 여정이라 할 수 있다. 특히 여러 시에서 반복적으로 등장하는 '기다림—순간적 폭발—허무한 흔적'의 구조는 시편들을 관통하는 정서적 패턴을 이룬다. 한국적 자연의 이미지들은 단순한 묘사가 아니라 체험을 응축시킨 상징들로 변모하며, 시인의 개별적 감정을 보편적 정조로 이끌어낸다.

먼저 시 「한여름 날의 매미소리」를 살펴보자.

> 울창한 숲속에서/ 땡볕의 여름날/ 매미소리 우렁차고// 십 년을 유충상태로/ 기다리다가// 생애에 칠일을/ 맴앰맴/ 짙푸르게 울어 대다가// 입추가 지나/ 떡갈나무 나무 등에/ 텅 빈 껍데기만 딱 붙인 채/ 어디로 떠나갔을까/ 그 기개는/ 어디로 훌연 낙엽 되어 사라진 걸까// 바람결 따라/ 나뒹구는 허무한 빈껍데기들// 발자국마다 바스락거리는/ 낙엽 속 비인 껍데기들/ 허공속의 먼지처럼 사라진 걸까/ 이번 생은/ 십 년을 기다린 보람찬 삶이었을까// 아롱진 울음 속/ 미소 가득한/ 생애 살다 갔을까
>
> —「한여름 날의 매미소리」 전문

이 시의 초반부에서 "십 년을 유충상태로/ 기다리다가"라는 구절은 매미의 생태적 사실을 넘어 긴 기다림을 감내한 존재가 비로소 자기 시간에 도달하는 체험의 시간성을 드러낸다. 인간 체험의 본질을 살아낸 시간의

응축이라 할 수 있다. 여기서 매미의 십 년은 단순한 생물학적 기간이 아니라 축적된 생의 긴장으로 읽힌다.

그 뒤를 잇는 "생애에 칠일을/ 맴앰맴/ 짙푸르게 울어대다가"라는 구절은 체험의 폭발적 개화를 보여준다. 이처럼 시인은 기다림과 폭발적 순간을 대조함으로써 인간의 생 또한 긴 침묵과 짧은 빛남의 변주로 이루어져 있음을 성찰한다. "텅 빈 껍데기만 딱 붙인 채/ 어디로 떠나갔을까"에서 이러한 이미지는 체험이 남긴 흔적의 시학을 형성한다. 삶은 사라지되 흔적은 남는다. 체험의 본질은 살아낸 시간의 응축인데, 시인은 매미 껍데기라는 선명한 잔여물로 우리에게 그 응축된 체험을 다시 체험하게 한다. 매미의 생태적 사실은 "기다림으로 채워진 삶은 과연 빛났던가?"라는 시인의 감정과 만나며 하나의 존재론적 질문으로 승화된다. "발자국마다 바스락거리는/ 낙엽 속 비인 껍데기들"라는 구절에서는 생의 실체가 아니라 생의 흔적을 바라보는 화자의 인식 경험을 드러낸다. 여기서 '껍데기'는 죽음의 상징이기보다는 '삶이 지나가며 남기는 껍질'이다. 그 껍질 위에서 시적 화자는 자기 개별적 감정을 넘어선 보편적 생의 허무를 느끼게 된다.

이 시의 후반부에서. '이번 생은/ 십 년을 보람찬 삶이었을까'라는 질문은 단순한 성찰이 아니라 체험의 내면화다. 이 질문은 매미에게 던지는 것이 아니라, 결국 자기 자신에게 되돌아오는 자문이다. 이 문장에서 화자는 매미라는 타자의 생을 빌려 자기 존재의 의미를 검증한다. 이어지는 마지막 구절인 "아롱진 울음 속/ 미소 가득한/ 생애 살다 갔을까"에서는 매미의 짧은 생에도 미소 가득한 완결성, 한 생을 다 살았다는 충만감을 시적 화자는 투사한다. 이것은 체험을 통해 얻은 정서적 통찰이며, 자연과 인간 존재가 서로를 투영하며 의미를 창조하는 시적 순간이다.

이처럼 이 시는 생의 길이보다 체험의 밀도를 묻는다. 즉 이 시는 매미의 생애를 단순한 생태의 서사가 아니라 삶의 구조를 드러내는 체험적 상징으로 다룬다. 십 년이라는 응축된 기다림, 칠 일이라는 폭발적 현존, 빈껍데기라는 흔적의 장면, 그리고 마지막의 존재론적 질문까지 삶의 전체가 한 순간에 투명하게 인식되는 체험의 구조를 이룬다. 결국 이 시는 생의 길이로 삶을 평가할 수 있는가라는 본질적 물음을 던지며, 매미의 울음이 단순한 자연음이 아니라 생의 메시지임을 드러내는 작품이다.

다음으로 이 시집의 표제 시인 「능소화 필 무렵·2」을 살펴보자.

> 건너편 담장 위로/ 주황빛 고운 꽃송이들이/ 연이어 피어있네요// 꽃 봉우리 한 송이 송이마다/ 적어놓은/ 주황빛 고운 연서지// 능소화 필 무렵/ 그 자리에서/ 그대를 기다릴테예요// 언약/ 잊지 마셔요//

> 시공간을 초월한/ 영원한 사랑이 꽃말// 피어나고 또 다시 피어나고/ 질 때는/ 한 송이 만개한 꽃으로// 툭하고 목숨 줄/ 내려놓듯/ 절개를 지키며/ 땅으로 떨어진다지요// 그 꽃송이 떨어진 자리/ 다시 피어오르는/ 주황빛 고운 연서지
>
> –「능소화 필 무렵·2」 전문

능소화가 피는 순간을 포착한 이 시는 내면적 체험이 언어적 형식으로 응고된 것으로 이해된다. 화자는 단순히 자연 풍경을 관찰하는 데 그치지 않고, 그 풍경 속에서 자신의 정서와 시간의식이 일어나는 흐름을 체험한다.

이 시는 능소화를 매개로 기억·기다림·영원을 체험하는 시적 화자의 내면을 보여준다. 시의 첫머리 "건너편 담장위로/ 주황빛 고운 꽃송이들이/ 연이어 피어있네요"와 같이 건너편 담장 위의 주황빛 능소화가 시각적으로 펼쳐진다. 시인의 체험이 '지금-여기'의 생생한 감각에서 시작되었다. 여기에서 '주황빛'은 단순한 색채가 아니라 시적 화자의 기억과 감정 전체를 호출하는 정서적 자극이다. '연이어 피어있는' 능소화는 시간성의 감각 즉 계속 이어지는 기다림, 계속 겹쳐지는 추억을 동시에 펼쳐낸다. "꽃 봉우리 한 송이 송이마다/ 적어놓은/ 주황빛 고운 연서지"에서 '연서지'는 단순한 비유가 아니라, 과거의 체험과 현재의 체험이 하나로 결합되는 구조다. "능소화 필 무렵/ 그 자리에서/ 그대를 기다릴 테예요"에서 기다림은 단순한 행위가 아니라 시간을 확

장시키는 정서다. ‘기다릴테예요’는 자신의 감정을 일정 시기에 맞추어 고정하는 의지를 보이는 것이다. 이 기다림은 순간적 감정이 아니라, 시간 속에서 자기 동일성을 유지하려는 의식이다.

“언약/ 잊지 마셔요”에서 관계의 상징적 약속이며 시간을 초월하는 사랑의 구조를 압축한 기호다. 꽃말을 통한 초월적 의미를 부여하고 있는 “시공을 초월한/ 영원한 사랑이 꽃말”라는 구절에서 능소화의 ‘꽃말’은 자연의 사물에 인간의 내면을 투사하는 체험 구조의 정점이다. 사랑은 단순한 감정이 아니라 시간을 넘어서는 인간 존재의 내적 흐름으로 제시된다. “피어나고 또 다시 피어나고/ 질 때는/ 한 송이 만개한 꽃으로”라는 구절에서 시적 화자는 능소화의 생태적 리듬을 자신의 감정 구조와 동일시한다. 꽃이 “툭하고 목숨 줄/ 내려놓듯/ 절개를 지키며/ 땅으로 떨어진다지요”라는 묘사는 떨어짐을 상실이 아닌 완결의 순간으로 바라보는 태도를 보여준다. 시적 화자의 세계에서는 소멸조차도 온전한 자기 형식의 실현이다. 마지막으로 “그 꽃송이 떨어진 자리 다시 피어오르는 주황빛 고운 연서지”라는 구절은 감정이 끊어지지 않고 되살아나는 순환의 체험을 강조한다. 떨어진 자리에서 다시 피어나는 능소화는 화자에게 사랑의 영속성을 증명하는 상징이다.

「한여름 날의 매미소리」와 「능소화 필 무렵·1,2」 같이 「선물로 올 거야」, 「나의 가을」, 「여름날의 시간들」,

「입춘」 등은 자연과 계절의 흐름 속에서 개인적 체험을 정서적으로 포착한다. 직접적 체험을 중심으로 시적 화자는 자연의 변화와 계절의 순환 속에서 자신의 감정과 삶의 의미를 체험하며 인식한다. 자연과 계절의 사소한 순간 속에서 삶과 사랑, 기다림, 절개의 의미를 체험하며 독자에게 체험적 공감을 불러일으킨다. 시적 화자가 자연을 단순히 관찰하는 것이 아니라 삶의 상징과 감정의 직접적 체험으로 받아들이는 것이 핵심이다.

그리고 「사소함에 대하여」, 「이름 모를 파도처럼」, 「마음 내려놓기」, 「작별하지 않는다」, 「북풍은 불어오고」 등은 일상 속 사소한 경험, 내면의 감정, 시간과 존재에 대한 성찰이 중심이다. 이 시들은 개인의 내적 체험이 시간적, 존재적 맥락에서 의미 있는 경험으로 구조화된다. 따라서 시적 화자는 소소한 삶의 순간을 통해 존재와 슬픔, 희망, 절망을 깊이 체험한다. 「북풍은 불어오고」에서는 삶의 순환과 사랑, 소멸과 재생이 얽힌 시간적 체험을 보여 준다. 특히 「사소함에 대하여」는 아침 해와 저녁 석양, 창문을 열고 닫는 단순한 일상에서 인간 존재의 체험적 의미를 탐색한다. '하찮은 일'이라는 반복적 표현은 화자의 겸손한 내적 체험을 보여주며, 삶의 순간들이 체험적 깊이를 가진다는 사실을 강조한다. 일상의 사소한 사건 속에서 느끼는 감각과 정서를 통해, 인간 존재의 시간성과 유한성을 체험적으로 느끼게 한다. 시적 화자가 경험하는 하루의 빛과 어둠, 순간적 몰입은 우리에게도 내적 공감과 체험적 참여를 유도한다.

한편 「기도·1, 2」는 자연 체험이 인간의 영적 체험과 연결되어, 신성, 순리, 경배, 삶과 죽음에 대한 성찰로 확장된다. 「기도·2」에서는 화자가 자연과 인간의 고통을 바라보며 신에게 기도하는 모습을 통해 영적 체험을 언어화한다. '타들어가는 나뭇잎'과 '희망의 씨앗'이라는 이미지에서 육체적·감각적 경험이 곧 존재적·영적 성찰로 연결된다. 시적 화자는 타인의 마음과 자연의 고통까지 함께 체험하며, 개인적 경험을 넘어서 보편적 체험으로 확장한다. 기도라는 형식을 통해 체험을 언어화하며, 우리 또한 내적 몰입을 통해 신적 체험과 공감적 체험에 참여하게 된다. 「숨비소리」에서는 육체적 고통과 극한의 생존 경험이 존재론적 체험으로 전환된다.

그 외에 「드림캐쳐」, 「은빛 종소리」, 「선물」 등은 개인적 추억과 관계, 소망, 꿈과 선물 같은 경험을 시각적·감각적 이미지로 체험화 한다. 「드림캐쳐」는 '드림캐쳐'라는 구체적 사물을 매개로 과거와 현재, 미래의 체험을 연결하며, 개인적 소망과 기억을 체험적 언어로 포착한다. 바람에 흔들리는 드림캐쳐와 우주적 상상을 통해, 화자는 소망과 사랑, 시간의 흐름을 체험적 감각으로 담아낸다. '병속에 담긴 그대와 나의 시간'이라는 표현은 체험된 시간과 기억, 관계의 총체성을 시적으로 압축한다. 우리는 시 속 이미지를 따라 체험적 몰입을 하며, 시간과 관계 속 감정의 흐름을 직관적으로 이해하게 된다.

3. 기억과 존재, 사랑의 시학

서금희 시인의 시는 단순한 서정적 묘사나 감상에 머무르지 않고, 체험적 순간을 통해 시간성과 존재성을 직관적으로 드러낸다. 장소, 기억, 인간관계, 자연, 삶과 죽음 등 삶의 다양한 층위가 화자의 체험을 매개로 독자에게 전달되며, 독자 또한 시적 체험에 몰입하고 감정과 성찰을 동시에 경험하게 된다. 결국 서 시인의 시편들은 삶과 존재, 사랑과 기억을 체험적 순간 속에서 직관하도록 안내하는 시학적 성취를 보여준다.

먼저 「눈부신 날이었음을」을 살펴보자.

빗줄기 한 두 방울/ 어둠과 함께 내려앉는 유월/ 십여 년 만에 다시 찾아간/ 목포, 그 집// 영산강 하구언 따라/ 추억속의 파도 출렁이는/ 바닷가 옆 그 아파트// 보랏빛 등나무 꽃들이 피어나고/ 봉숭아 꽃잎 따던 그 집// 처음 만난 고단한 시간들/ 차곡차곡 쌓아놓았던/ 그 날들// 애틋한 내 마음 따라/ 아파트 담벼락에/ 장미는 여전히 타오르고// 오랜 세월 지나/ 흰 갈매기가 되어/ 멀리 날아오르네// 이제는 알 것 같아라/ 그 날들이/ 눈부신 날들이었음을

–「눈부신 날이었음을」 전문

이 시는 시적 화자가 십여 년 만에 목포의 한 아파트를

다시 방문하며, 과거의 경험을 현재 시점에서 직관적 체험으로 재현한다. 이때 빗줄기 한두 방울, 유월의 어둠, 바닷가의 출렁이는 파도, 보랏빛 등나무와 봉숭아 꽃잎 등은 단순한 배경이 아니라 화자의 내적 체험을 자극하는 감각적 매개체가 된다.

시의 전개는 공간과 기억, 감정의 결합을 중심으로 이루어진다. "십여 년 만에 다시 찾아간/ 목포, 그 집"이라는 구절에서 장소는 단순한 지리적 표지가 아니라 삶의 경험과 정서를 환기시키는 체험의 장이다. 영산강 하구언과 바닷가, 아파트의 구체적 이미지들은 우리가 시적 화자의 기억 속 공간을 함께 체험하게 한다. 또한 이 시는 시간의 흐름 속 정서적 체험의 누적을 보여준다. "처음 만난 고단한 시간들/ 차곡차곡 쌓아놓았던/ 그 날들"에서 과거의 노력과 고단함, 애틋함은 단순한 회상이 아니라 현재의 인식 속에서 총체적 체험으로 재현된다. 이 시에서 상징적 이미지의 활용은 이러한 체험을 더욱 풍부하게 만든다. 장미는 화자의 기억과 감정이 현재에도 생생히 살아 있음을 상징하며, 흰 갈매기는 과거 경험이 시간 속에서 자유롭고 객관적인 체험으로 승화된 상태를 보여준다. 마지막 연에서 "이제는 알 것 같아라/ 그 날들이/ 눈부신 날들이었음을"은 단순한 회상을 넘어, 체험의 인식적 종결과 존재적 성찰을 이루는 장치로 작용한다. 따라서 이 시는 과거 기억과 장소적 경험을 감각과 정서, 상징을 통해 현재적 체험으로 전환함으로

써 독자가 삶과 시간, 존재의 의미를 직관적으로 체험하도록 안내하는 작품이다. 시인은 개인적 체험을 보편적 공감으로 확장하며, 몰입적 서정의 정수를 보여준다.

다음으로 「아들의 배냇저고리」를 살펴보자.

> 오랜만에/ 아들의 초등학교 동창들이/ 찾아왔다 멀리 목포에서// 어제 일처럼 꿈을 꾼다/ 추억 속으로// 늘 위로해주던/ 평화광장, 그 곳 앞바다/ 파도가 일렁이고/ 흰 갈매기 떼가 날아오른다// 우정이란 이름으로/ 멀리서 와준 친구들// 이사 온 후 놀러와/ 베개를 던지고 장난치던 개구쟁이들// 다음날/ 논산 훈련소에서 입대하여/ 친구들과 함께 운동장을 도는데/ 눈물방울 내 눈가를 적시고// 며칠 후 택배 상자 하나/ 아들의 써내려간 손 글씨/ 추신으로/ "엄마, 저 하나도 안 힘들어요./ 정말이에요. 걱정 마셔요."/ 담담히 써내려간 글귀들// 함께 부쳐온/ 흰 속옷, 때 묻은 신발 두 짝을/ 끌어안았다 그 씁쓸함이란// 장롱 속 깊이 넣어둔/ 아들의 배냇저고리를 껴안은 채/ 한동안 숨죽이며 울었다
>
> —「아들의 배냇저고리」 전문

이 시는 화자의 개인적 경험과 기억을 중심으로 한 체험적 서정의 전형을 보여준다. 시적 화자는 아들의 초등학교 동창들이 먼 곳에서 찾아온 사건을 계기로, 과거와 현재, 공간과 감정이 교차하는 체험의 순간을 시로 구현한다.

시의 첫 연에서 “오랜만에/ 아들의 초등학교 동창들이/ 찾아왔다 멀리 목포에서”라는 구절은 단순한 사건의 서술을 넘어 기억의 소환과 감정적 체험의 시작을 보여준다. ‘멀리 목포에서’라는 공간적 디테일은 화자의 회상과 현재 체험을 연결하며, 장소적 맥락 속에서 감정이 구체화된다. 이어지는 “추억 속으로/ 늘 위로해주던/ 평화광장, 그 곳 앞바다/ 파도가 일렁이고/ 흰 갈매기 떼가 날아오른다”에서는 공간, 자연, 감정이 통합된 몰입적 체험을 보여주며, 과거 경험을 현재적 시점에서 직관하도록 한다. 파도와 흰 갈매기는 단순한 배경이 아니라 감정의 흐름과 기억의 회상을 매개하는 상징적 장치로 작용한다.

중반부에서는 아들의 입대와 손 글씨를 통해 시간의 누적과 인간적 체험의 심화가 나타난다. “다음날/ 논산훈련소에서 입대하여/ 친구들과 함께 운동장을 도는데/ 눈물방울 내 눈가를 적시고”라는 구절은 단순한 사실 전달을 넘어, 화자가 경험한 심리적 긴장과 감정의 심층적 체험을 드러낸다. 여기에서 내적 경험의 총체성이 나타나며, 독자는 화자의 슬픔과 안도, 사랑의 복합적 체험을 공유하게 된다.

마지막 연에서 “함께 부쳐온/ 흰 속옷, 때 묻은 신발 두 짝을/ 끌어안았다 그 씁쓸함/ 장롱 속 깊이 넣어둔/ 아들의 배냇저고리를 껴안은 채/ 한동안 숨죽이며 울었다”는 구절은 개인적 체험의 심연과 존재적 성찰을 동시에 보여준다. '배냇저고리'는 과거와 현재, 기억과 사랑, 상실과 희망을 연결하는 체험적 상징으로 작용하며, 화자의 내적 감정이 극대화되는 순간을 제공한다. 이 장면에서 우리는 시적 화자의 경험을 직접 체험하듯 몰입하게 되며, 시가 단순한 서정적 회상을 넘어 체험적 서사로 확장됨을 확인할 수 있다.

이 시는 기억, 공간, 시간, 감정의 총체적 체험을 구현한 작품이다. 화자가 과거의 순간을 현재적 체험으로 직관하고, 그 안에서 부모와 자식의 사랑, 인간관계의 의미, 시간의 흐름 속 정서적 울림을 성찰하도록 한다. 이 시는 아들의 성장과 부모의 사랑을 기억과 체험의 결합으로 그려내며, 개인적 체험을 보편적 감정으로 확장시키는 서정적 성취를 보여주는 작품이라 할 수 있다.

앞에서 언급한 「눈부신 날이었음을」을 비롯하여 「고향집·1」, 「목포, 그 집」, 「모닥불 피우며」 등에서 나타나는 특정 장소는 서 시인에게 단순한 배경이 아니라 삶의 경험과 감정을 직관적으로 불러오는 매개체가 된다. 목포의 집, 어린 시절 등굣길, 고향집에서 느낀 온기 등은 단순한 회상이 아니라 화자의 내적 체험이 시공간 안에서 실시간으로 재현된다. 이 시편들에서 시적 화자는 구체적 공간을 통해 과거의 기억을 회상하며, 독자 역시 그 공간 안에서 체험을 공유하게 된다.

또한 「아들의 배냇저고리」를 비롯한 「푸른 슬픔의 기도」, 「사랑의 강물」 등은 가족, 친구, 부부 관계 속에서 발생하는 일상의 사건과 감정을 통해 내적 체험이 확장된다. 아들의 손 글씨와 배냇저고리, 어머니를 위한 기도, 노부부의 손잡음 등은 작은 사건이지만 감정의 깊이를 체험하게 한다. 이러한 시들은 인간관계의 정서적 체험을 강조하며, 독자가 개인적 감정을 보편적 경험으로 느끼게 한다. 「눈꽃송이」, 「무화과」, 「남도의 봄」, 「영동의 여름밤 그리고 한겨울밤」 등은 자연 풍경, 계절 변화, 공간적 요소가 화자의 체험과 결합하여 정서를 형상화한다. 산수유, 동백, 함박눈, 별밤, 폭설 등은 단순한 배경이 아니라 화자의 내적 경험을 매개하는 감각적 장치로 작용한다. 독자는 시 속 공간을 함께 체험하며 정서적 몰입을 경험한다. 그리고 「탯줄」은 태아와 모체의 연결을 섬세히 묘사하며 생명의 성장 과정을 체험적으로 그린다. 하루하루 완성되어가는 우주와 같은 생명은 시간 속 존재 체험의 총체적 의미를 보여준다.

이 시집에서 주목되는 하나는 영혼을 헤아리는 존재인 딸 모니카와 아들 스테파노와의 체험적 서정이다. 「모니카·1, 2」와 「여린 강아지풀들처럼」에서는 딸 모니카와 아들 스테파노를 중심으로 한 삶의 순간들을 섬세하게 담아내고 있다. 시인의 시적 눈과 마음은 단순히 관찰에 머물지 않고 부군의 직장 이동으로 잦은 이사로 인한 가족과 함께 한 시 공간에서 느껴지는 감정과 체험을 독자가 직접 살아보는 경험으로 전환한다. 이러한 접근은 체험의 재현과 맞닿아 있으며, 일상의 순간들을 서정적 체험으로 승화시킨다는 점에서 특별하다.

「모니카·1」에서는 잦은 이사와 그로 인한 쓸쓸함 속에서 딸이 화자의 영혼적 아픔을 이해해주던 존재로 등장한다. '응접실 장판에 써놓은 "집아, 안녕"'이라는 구체적 장면은 화자가 경험한 감정을 독자가 몸과 마음으로 느끼게 하는 힘을 지닌다. 이는 단순한 회상이 아니라 체험적 기억의 재현이다. 「모니카·2」에서는 구체적 일상 행동 속에서 감정이 확장된다. 「여린 강아지풀들처럼」에서는 자연 속 존재와의 조화로운 체험이 강조된다. 보도블록 위에 피어난 연초록 강아지풀과 바람에 흔들리는 모습은 함께한 아들인 스테파노에 대한 해외 등 근무로 인한 오랜 시간 동안 떨어져 있어 함께 하지 못한 아쉬움과 그리움을 아들의 성장과 맞물려 감각적 공감을 불러일으킨다. 시적 화자는 단순히 강아지풀을 바라보는 것이 아니라 그 안에 담긴 생명과 자신의 감정을 동시에 체험하며 독자에게도 그 체험을 열어준다. 이처럼 시적 화자에게 딸 모니카와 아들 스테파노에게 큰 힘이 되어준 감사의 마음을 전하고자 하는 마음을 담고 있다. 이들은 시적 화자의 내면세계를 드러내고 체험적 서정을 확장하는 매개체가 된다.

4. 고뇌의 자리, 피어나는 영혼의 기억들

서금희 시인의 시편들은 예술 작품, 자연, 역사적 인물 또는 장소와의 만남을 단순하게 묘사하는 것이 아니라 서정적으로 영혼의 체험으로 풀어낸다. 서 시인의 체험은 외부 세계의 사물·예술·시간·타자와의 접촉을 통해 내적 삶이 생성되고, 그 내면적 울림이 언어로 형상화되는 과정을 중시하는데, 이들의 시에는 바로 그 '내면으로부터 솟아오른 해석의 언어'가 선명하게 나타난다.

먼저 고흐에 관련된 연작시 중에서 「반 고흐전·2 – 구원」을 살펴보자.

> 연필로 그린/ 데생들이// 사선과 곡선/ 수천수만 번/ 연필들의 흔적// 셀 수 없는/ 그대의 고뇌도 스치고// 힘들고 고단한 표정을 짓는/ "예배당에 온 사람들"// 무릎을 꿇고 기도하는/ 그녀들의 간절히 모은 두 손/ "기도하는 두 여인"// 투박한 때 묻은 손과/ 무표정한 어둔 얼굴/ "감자 먹는 사람들"// 그림을 처음 시작한/ 그대는// 동생 테오에게 한 말/ "그림은 나에게 구원이다"라고// 나에게 구원은 무엇일까요
>
> –「반 고흐전·2 – 구원」 전문

이 시는 고흐의 데생과 회화 속 흔적을 따라가며 그의 고통을 하나의 체험적 기록처럼 읽어낸다. "사선과 곡선/ 수천수만 번"이라는 표현에서와 같이 시적 화자는 고흐의 연필 자국을 예술적 기교가 아니라 고통의 누적, 영혼의 흔적으로 해석한다. "예배당에 온 사람들", "기도하는 두 여인", "감자 먹는 사람들"과 같이 고흐가 관

찰하고 공감했던 가난한 자들, 소외된 자들의 삶을 통해 시적 화자 역시 인간의 고단함과 구원의 가능성을 다시 떠올린다. “그림은 나에게 구원이다”라는 고흐의 고백은 곧 시적 화자의 질문을 촉발한다. 시적 화자는 “나에게 구원은 무엇일까요”라고 자문한다. 즉, 이 시는 고흐의 체험을 빌려 화자의 존재론적 질문을 끌어내는 시적 장치다. 이 시의 진정한 중심은 바로 시적 화자가 묻는 이 마지막 문장이다.

연작시 「반 고흐전」 6편, 「루트비히 판 베토벤」, 「에띠드 삐아프」 등은 고흐, 베토벤, 삐아프 등 역사적 예술가를 단순히 재현하는 것이 아니라 그들의 고통과 구원의 흔적을 화자의 삶에 겹쳐보며 자기 존재의 의미를 탐색한다. 이는 타자의 예술과 생을 자기 삶의 내적 진동으로 끌어들이기라고 할 수 있다. 고흐의 절망을 타인의 이야기로 놓지 않고 자기 영혼의 한 부분처럼 받아들인다. 이는 외부의 예술적 흔적이 곧 자기 존재의 심층을 비집고 들어오는 자극이 된다. 고흐는 시적 화자에게 고통을 예술로 승화한 존재로 보인다. 이는 시적 화자 스스로도 자기 삶의 상처를 글로 바꾸고자 하는 방향성을 가지고 있음을 암시한다. 베토벤과 삐아프에 관한 시도 마찬가지이다. 그들의 음악과 목소리는 단순한 예술적 감동이 아니라 시적 화자가 오랫동안 마음속에 품고 있던 나는 불교적 깨달음에 이르는 ‘나는 누구인가’라는 끝없는 화두와 고통의 원형적 이미지를 건드린다.

예술가의 삶을 타자의 삶으로 두지 않고 스스로의 고뇌와 결핍의 풍경 속에 끌어와 재배열하는 방식은 체험의 이해는 곧 자기 이해라는 명제를 잘 드러낸다.

> 소로우는// 내 영혼을 밝혀주는/ 등불이 되어주고/ 영혼의 벗이 되었고// 내 영혼은 제자리를 찾아가고/ 자유로워지고// "시간의 주인이 되어라."/ "고독과 친구가 되어라."// 마음에 새기면서/ 홀로 있음의/ 온전한 시간들// 나는 들로, 숲으로 나가/ 짙푸른 나무가 되었다가/ 양털 구름도 되었다가/ 살랑이는 바람도 되었지// 그는 자주 내게 말을 걸어왔고/ 나를 월든 호숫가로/ 데려다 주었지// 영혼의 고독도/ 사유의 볍씨 한 알로 익어/ 나만의 방이 잉태되어가고
>
> —「월든 호숫가·2 – 영혼」 전문

이 시는 자연과 철학적 사유가 결합된 화자의 영혼의 회복 기록이다. '영혼의 등불', '영혼의 벗'과 같이 소로우는 단순한 작가가 아니라 시적 화자의 영혼을 다시 비추는 인식의 스승으로 제시된다. "들로, 숲으로 나가/ 짙푸른 나무가 되었다가 … 바람도 되었지"라는 표현에서와 같이 자연과의 합일은 단순한 미적 경험이 아니라 자기 존재를 확장하는 체험이다. "사유의 볍씨 한 알로 익어/ 나만의 방이 잉태되어 가고"라는 마지막 구절에서는 자연·고독·사유가 서로 얽혀 내적 방 즉 정신적 방

을 만들어 가는 과정이 구체적으로 형상화된다. 이 시는 타자의 예술이 아니라 자연과 철학적 텍스트가 화자의 영혼을 해석하고 재구성하는 방식을 보여 준다. 여기서 자연은 외부 세계가 아니라 자기 영혼의 또 다른 모습이며, 고독은 고통이 아니라 사유의 방이자 구원의 자리다.

이 연작시를 비롯하여 「김영갑 갤러리에서」, 「혼불」 등에서 외부의 장소는 화자에게 영혼의 불안을 진정시키는 통과의례적 공간으로 기능한다. 시에 등장하는 풍경은 단순한 관찰 대상이 아니라 상처·고독·구원을 드러내는 영혼의 장면이 된다. 그리고 연작시 「풍장·1, 2」에서 드러나는 죽음 인식은 불안에 찬 공포가 아니라 자연의 질서 속에서 생과 죽음이 순환하는 필연의 아름다움에 가깝다. 죽음을 삶의 연장선에서 바라보는 태도는 화자가 이미 오랜 시간 내면의 고독과 대면해 왔다는 증거이며, 그 고독을 통해 삶의 의미를 형상화하려는 의지로 읽힌다.

김영갑 갤러리, 월든 호숫가, 혼불 문학관 등 장소는 시적 화자에게 깊은 내적 울림을 제공한다. 이곳에서 시인은 자신이 잃어버린 감각을 되찾고, 상처받은 영혼을 조용히 내려놓을 공간을 마련한다. 기억의 장소는 단순한 여행지가 아니라 영혼의 정박지이자 사유의 저수지가 된다. 이러한 장소에서의 체험은 자연스럽게 시간과 존재, 죽음까지도 담아내는 성찰로 이어진다.

이 시편들을 통해 시인은 구원을 향한 끊임없는 탐색한다. '나에게 구원은 무엇일까요', '영혼의 집', '사유의 뜨락', '평안하시기를' 같은 구절들은 시적 화자가 일상 속에서 늘 구원의 실마리를 찾고 있다는 증거다. 예술가의 고통 속에서 자신을 비추고, 풍경 속에서 해답을 구하며, 죽음 속에서도 '아름다운 피날레'를 본다.

5. 자연의 상흔, 내면에 새긴 향

서금희 시인의 시편들에서 자연은 단순한 배경 요소가 아니다. 서 시인의 체험은 한 순간의 감정이 자연의 풍경을 통해 내면의 의미로 변환되는 삶의 내부 사건이다. 그의 시들에서 시적 화자는 계절, 나목, 장미, 눈발처럼 일상적 자연을 마주할 때마다 내면의 감정이 응축되는 경험을 한다. 그 체험은 흔히 밝고 소박한 자연의 이미지 속에 나타나지만 그 이미지의 내부에는 화자의 삶의 깊은 시간들이 스며 있다. 인생의 완숙함은 감각을 둔화시키는 것이 아니라 오히려 세계의 자그마한 아름다움을 더욱 선명히 느끼게 한다.

이처럼 자연을 향한 감정의 투명화는 그의 시들의 중요한 축이다. 먼저 「모과나무·2」를 살펴보자.

굵은 옹이들이/ 향기를 만들었을까// 찬 바닥에 덩그러니 떨어져 있는/ 모과 한 개 주워드니// 향내가 코끝에/ 진하게 다가온다// 방안에 두고/ 모과 향

을 맡는다// 상처가 만들어 낸 향// 눈 내리는 방안/
겨울 내내 향긋하다

—「모과나무·2」 전문

이 시에서 '상처가 만들어 낸 향', 이 한 구절은 「모과나무」 연작뿐 아니라, 다른 여러 편의 정서를 압축하는 핵심어이다. 모과는 굵은 옹이를 가진 나무다. 화자는 그 옹이를 '상처'라고 명명한다. 그러나 이 상처는 부패나 파괴를 상징하지 않는다. 오히려 고통이 시간을 품고 숙성될 때 비로소 향기가 된다는 역설적 진실을 드러낸다. 이 시는 '외적 관찰-감각의 체험화-의미의 전환-내면의 합일'이라는 정서적 흐름을 보여준다. "찬 바닥에 덩그러니 떨어져 있는/ 모과 한 개 주워드니"는 실로 단순한 풍경이다. 그러나 화자의 감정이 이 장면에 투영되면서 의미가 바뀐다. "향내가 코끝에/ 진하게 다가온다"에서 향기는 감각의 대상이자 동시에 정서의 통로이다. 향기를 맡는 순간 화자는 시간의 기억에 접속한다. "상처가 만들어 낸 향"에서 상처는 단지 아픔의 흔적이 아니라 깊은 향을 빚어내는 샘으로 의미가 전환된다. 이는 인간의 삶에서도 동일하다는 사실을 은유한다. "눈 내리는 방안/ 겨울 내내 향긋하다"에서 자연의 상처는 내면의 상처를 어루만지고, 결국 화자의 마음을 따뜻하게 바꿔놓는다.

이 시에서 모과의 향을 맡는 순간은 바로 그런 응축된

생의 감정의 순간이다. 모과의 굵은 옹이는 인생의 상처가 되고, 떨어져 있는 모과는 홀로 견뎌온 존재로 읽힌다. 겨울 내내 피어오르는 향은 고난이 만들어 낸 성숙한 인격·정서를 의미한다. 특히 '상처가 만들어 낸 향'이라는 직설적이며 절제된 구절은 자연 속 사물이 단순한 은유가 아니라 삶을 이해하는 통로가 됨을 의미한다. 이 시의 정서는 개인적 회한이나 자기 연민이 아니라 상처가 어떻게 '향기'로 전환될 수 있는가를 이해하는 깊어진 시선이다. 자연을 통해 자신을 이해하고, 상처를 긍정적 의미로 받아들일 수 있는 감정 구조, 이것이 이 시의 체험적 힘이다.

「모과나무」 연작시 4편을 비롯하여 「크로버의 상처」, 「겨울 나무·1」, 「겨울 나무·2」 등은 상처의 기억이 체험을 재구성하는 방식을 담고 있다. 모과의 상처(옹이), 겨울의 나무, 클로버의 상처 난 성장점, 잎을 모두 떨어뜨린 겨울의 나무 등은 모두가 아픔의 흔적이다. 그러나 화자는 그 상처에서 향기, 열매, 진주알 같은 눈물이 맺히는 것을 본다. 시인은 이러한 결핍을 시적 화자의 내면과 연결해 "상처가 곧 향기가 된다", "고난이 꽃을 피운다" 같은 치유적 체험을 이끌어낸다. 이처럼 시적 화자는 자신의 생애·기억을 자연의 상흔에서 읽어내며, 고요하지만 절절한 구원·위로의 시학을 구축한다.

다음으로 계절의 변화가 시적 화자의 정서에 직접 관여하는 방식을 잘 보여주는 「덩굴장미」를 살펴보자.

오월이 지고 있네/ 어찌할거나/ 빛나는 이 계절을// 나뭇잎들 신록으로/ 햇살에 빛나고// 단심 붉은 장미는/ 피어나고 또 피어나고/ 한켠에는/ 초록 매실도 맺히고//꽃들은, 나무들은/ 이토록 붉게, 초록 빛으로/ 마음을 어루만져준다// 푸른 하늘은/ 누구의 마음을 어루만져 줄까// 새벽 풀잎에 매달린 내 눈물들/ 헤아릴 이 누구실까// 오월의 장미는/ 저토록 붉게 타오르는데

–「덩굴장미」 전문

이 시의 앞부분은 자연의 광휘를 따라 감정이 고양되는 상승적 정조로 흐른다. '신록으로 빛나는 나뭇잎들', "단심 붉은 장미는/ 피어나고 또 피어나고", "초록 매실도 맺히고"와 같이 자연은 풍성하며 생동한다. 그러나 화자의 감정은 곧 다른 길로 접어든다. "푸른 하늘은/ 누구의 마음을 어루만져 줄까", "새벽 풀잎에 매달린 내 눈물들/ 헤아릴 이 누구실까"와 같이 장미의 붉음은 삶의 아름다움이지만, 그 아름다움은 역설적으로 고독을 더 선명하게 드러낸다. 계절은 절정에 이르렀지만, 화자의 마음은 어딘가 결핍을 느낀다. 겉으로는 찬란하지만 바로 그 찬란함이 화자의 내면에 눌러놓았던 감정의 심부를 일깨우는 것이다. 이 시는 "오월의 장미는/ 저토록 붉게 타오르는데"로 끝을 맺는다. 여기서 장미의 붉음은 더 이상 단순한 자연의 색채가 아니며, 시적 화자가 품은 이루지 못한 열망, 혹은 사라져가는 순간에 대한 애틋함을 상징한다. 이 시는 '자연—정서—자아'가 서

로 교차하는 체험의 역동을 서정적으로 재현하고 있다.

시 「덩굴장미」를 비롯하여 「가을비」, 「첫눈」, 「꽃보다 마음이 먼저」 등은 자연 풍경이 화자의 기억과 정서에 겹쳐지며 하나의 생생한 체험으로 재구성된다. 빗방울 소리 속에서 떠오르는 소녀의 얼굴, 덩굴장미의 붉음 속에서 피어오르는 그리움, 첫눈 속에서 하나가 되는 숨결, 나뭇잎이 떨어지는 늦가을에 되살아나는 병실의 '기억—자연'은 화자의 기억을 현재화하는 장치가 된다. 특히 「가을비」의 경우, 시적 화자는 감각의 층위를 열고, 기억 속 소녀와 마주하다 이 시는 '비'라는 자연적 소리를 통해 내면 기억이 소환되는 방식이 매우 정교하다. 투명 비닐우산은 감각을 투명하게 하는 틀을, 빗방울 소리의 고요는 내면을 울리는 청각적 매개를, 소녀의 얼굴은 과거의 정서적 핵을 소환한다. 비가 '풍경'이 아니라 기억을 여는 문이 되는 순간, 시의 중심 감정이 발생한다. "아래로 흘러/ 낮은 곳에 모인 빗방울들/ 작은 냇가를 이루고"라는 구절은 외부 자연 묘사이지만, 동시에 화자의 내면이 정리되고 흘러가는 감정의 움직임이 투사된다. 빛깔이 고와진 낙엽이 동그랗게 퍼져 가는 모습은, 기억 속 소녀에 대한 사소한 일에도 웃음 많은 여중시절의 순수함과 가을비 빗방울 소리만 들어도 행복하고 충만함으로 꽉찬 풋풋한 서정의 소녀를 떠올리게 한다.

한편, 「느티나무 아래서」, 「금빛 날개」, 「첫 눈꽃 속 세상은」은 자연을 바라보는 차원을 넘어, 화자가 자연과 '하나가 되는 듯한' 초월적 경험을 보여준다. 나무와 내가 뒤섞여 나의 경계가 사라지고, 초승달이 금빛 날개가 되어 눈부시게 빛나는 장면에서 화자는 세계와 자신의 존재가 투명하게 이어진 순간을 감지한다. 그리고 「더 사랑스러우니까」, 「금계국」 등은 중년 이후 느껴지는 성숙한 감각의 각성을 섬세하게 포착한다. 사랑이 강물이란 시 나오는 노부부는 80대 초반의 노부부의 사랑을 표현한 시이다. 나이가 들어갈수록 세상이 더 선명하게 보이고, 작은 꽃과 들풀, 사람들의 온기, 빛의 움직임 하나까지 예민하게 감각하게 되는 마음. 자연은 화자에게 더 사랑스러워 보이며, 그 이유는 외부의 변화보다 내면의 변화에 있다.

6. 맺음말 – 내면의 지층을 드러내는 서정적 고백

서금희 시인의 체험은 단순한 경험을 넘어 한 인간의 내면에 새겨진 흔적, 기억의 잔향, 감정의 움직임이 시적 언어를 통해 표면으로 떠오른다. 서 시인의 시에서는 이러한 체험의 순간들이 지속적으로 형상화된다. 그래서 서 시인은 사건이 아니라 감정의 미세한 기원을 포착하고, 사물의 표면이 아니라 기억이 비춰낸 사물의 내부를 바라본다.

서 시인은 일상의 표면에 새겨진 심층 즉, 사소한 순간을 체험의 틀로 바꾼다. 이를테면 시집 곳곳의 장면들은 고향집, 포인세티아, 한여름의 매미, 어린 시절의 이사, 아이들과 사랑하는 남편과의 추억과 기억, 미술 전시회 관람, 오래 전에 살던 집, 읽은 책 등 사소한 일상에서 출발한다. 그러나 시인은 일상의 표면을 묘사하기보다 그 사소함을 통해 드러나는 존재의 무늬를 탐구한다. 그래서 서 시인의 시에서 자연물은 단지 배경이 아니라 시적 화자에게 감정의 기원을 되묻는 거울과 같다.

서 시인의 시에서 흥미로운 특징은 조용한 어조이다. 그는 감정을 과장하거나 드라마틱하게 이끌지 않는다. 오히려 낮은 음성으로 그러나 단단하게 정서를 조율한다. 이 절제된 어조 덕분에 시는 더욱 깊이 스며들며, 독자는 과도한 감상 대신 또 하나의 체험으로 시를 맞이하게 된다. 예를 들어 「능소화가 필 무렵」 처럼 능소화 전설에 기대어 감정을 과장하는 방식과 달리 자기 내부에 아른거리는 미세한 그리움의 잔결을 소리 없이 드러내는 방식이다. 감정의 과잉 대신 감정의 결, 장면의 확대 대신 장면의 잔향을 중시하는 그의 서정 방식은 한국 서정시의 흐름과 맥을 같이한다.

이처럼 시집 『능소화 필 무렵』은 단순히 자연을 노래하는 시집이 아니다. 이는 능소화가 피어오르는 자리 - 기억의 빛과 그늘이 교차하는 자리에서 태어난 체험의 지도이며 내면의 지층을 드러내는 서정적 고백이다. 서 시인의 시는 화려하지 않고 조용하지만, 그 조용함이 오히려 깊은 울림을 만들어낸다. 결론적으로 서 시인의 시들은 기억의 빛으로 이루어진 서정의 지도와 같다.

체험 시학으로 수렴되는 이 시집은 독자에게 질문을 던진다. 우리는 우리의 기억을 얼마나 제대로 들여다보았는가? 우리를 지나간 사소한 풍경들이 사실은 우리 존재의 기원을 말해주고 있는 건 아닌가? 능소화가 담장을 물들이듯, 서금희 시인의 시는 시간을 물들인다. 그리고 독자는 그 빛을 따라 자기 내면의 오래된 골목으로 천천히 걸어 들어가게 된다.

서금희 제2시집

능소화 필무렵

초판 인쇄 2025년 12월 20일
초판 발행 2025년 12월 24일

지은이 서금희
펴낸이 강신용
펴낸곳 문경출판사
주　소 34623 대전광역시 동구 태전로 70-9 (삼성동)
전　화 (042) 221-9668~9, 254-9668
팩　스 (042) 256-6096
E-mail mun9668@hanmail.net
등록번호 제 사 113

ISBN 978-89-7846-886-2 03810

값 12,000원